Zauberlehrling

Richtig schreiben

3

Erarbeitet und herausgegeben
von Ute Steinleitner
Illustriert von Heidrun Boddin

Diesterweg
westermann

Inhalt

Das bedeuten diese Zeichen:

- Sprich die Wörter ganz deutlich.
- Schreibe die Aufgabe in dein Heft.
- Halte dich an Amandas Aufschreibregeln.
- Die Wörter bei diesem Zeichen haben eine Aufpass-Stelle, die du besonders üben musst. Suche sie in der Liste auf den Seiten 75 – 78 und markiere die Aufpass-Stelle.
- Überlegt und arbeitet gemeinsam.
- Bist du ein Rechtschreibdetektiv?
- Zeige, was du gelernt hast.

1 Ordne die Tiernamen nach dem ABC.

Floh • Bär • Esel • Gans • Löwe • Iltis • Kobra • Chamäleon • Marder
Nilpferd • Hund • Star • Ochse • Qualle • Tiger • Uhu • Dachs • Vogel
Wolf • Amsel • Zebra • Jaguar • Pinguin • Ratte

2 Schlage die Lösungen in der Wörterliste nach.

Hilfe, um besser zu sehen.	Tag nach dem Samstag.	Jahreszeit, in der die großen Ferien sind.	Gemüse, bei dem man weint.
5. Monat im Jahr	Tier, das Milch gibt (2).	viele, viele Häuser	Man sperrt Tiere darin ein.

3 Schreibe eigene Rätsel zu Wörtern aus der Wörterliste. Lass ein Partnerkind raten.

1 Untersucht die Reihenfolge der Wörter. Welche Regel gilt? Schreibt auf.

fahren • Ferien • Fische • Flasche • fremd

2 Ordne die folgenden Wörter nach der gefundenen Regel.

Bus • Bild • blühen • Band • Boden • Brief

3 Suche die Vorgänger und Nachfolger aus der Wörterliste.

Benzin	Hexe	werden	zurück

4 Nummeriere die Wörter nach ihrer Reihenfolge im ABC. Markiere den Buchstaben farbig, der beim Ordnen hilft. Schreibe die Wörter dann in der richtigen Reihenfolge auf.

◯ müssen	◯ kriechen	◯ stellen	◯ vergessen
◯ Meer	◯ kratzen	◯ Stadt	◯ verkaufen
◯ morgen	◯ Kröte	◯ Straße	◯ verstecken
◯ Maschine	◯ Kreuzung	◯ stehen	◯ verlieren

Aufschreibtraining

1 Arbeitet mit diesen Wörtern nach Schritt 1 und 2. Besprecht euch und markiert farbig.

	November	Christen	Sommertag
	Frühling	Zahnbürste	Gänseblümchen
	Regenwetter	Sonnenschein	Vogelhaus
Fußball	Nachmittag	Computerspiele	Marienkäfer
Apfelbäume	Kreuzung	Haltestelle	Schmetterling

2 Arbeite mit den Wörtern von Aufgabe 1, wie Amanda es dir von 3 – 5 erklärt hat.

3 Arbeite mit den Wörtern nach den Schritten 1 – 5.

Briefkasten	Abendstern	Handball	Verkehr
Herbstwetter	Junikäfer	Löwenzahn	Autofahrer
Bergschuhe	Weihnachten	Spielzeug	Zirkusclown

4 Sucht euch unter f/F oder k/K Wörter aus der Wörterliste, mit denen ihr ein Aufschreibtraining macht. Gebt es eurer Partnerin oder eurem Partner zur Korrektur.

1 Arbeite mit diesem Text so, wie du es gelernt hast.
Decke beim Aufschreiben den jeweiligen Sinnschritt ab.

Ein neues Schuljahr

Jetzt sind wir schon

in der dritten Klasse.

Unsere Lehrerin teilt

den Zauberlehrling aus.

Fridolin verrät uns

seine vielen Tricks.

So lernen wir,

richtig zu schreiben.

2 Lies den Text und kennzeichne die Sinnschritte. Schreibe dann richtig auf.

Im Herbst

Im Monat September beginnt der Herbst. Die Sonne steigt nicht mehr so hoch. Die Tage werden kürzer. Viele Vögel fliegen jetzt in den Süden. Im Garten wird das Gemüse geerntet. Der Herbst schenkt uns Äpfel und Birnen, Kastanien und Nüsse.

3 Kannst du es? Seite 70 Aufgabe 1

Lautgetreue Wörter schreiben

1 Sprich die Wörter zu den Bildern deutlich und schreibe sie dann auf.

2 Achte beim Sprechen der Wörter auf das **r**. Ordne sie nach dem ABC.

Tür • Arm • morgen • Eltern • schwer • Wurst • kurz • gestern • Dorf
sofort • dort • Erde • stark • gern • werfen • merken • erst

3 Obst und Gemüse! Lass dir die Wörter von einem Partnerkind diktieren.
Kontrolliert gemeinsam mit der Wörterliste.

1 Sprich die Wörter ganz deutlich und schreibe sie in Sprechsilben zerlegt auf.

Ap-fel-baum,

2 Ordne diese lautgetreuen Wörter nach dem ABC. Vergleiche mit einem Partnerkind.

etwas • Pflanze • neben • Gesicht • reiten • Erde • machen • Luft
tanken • Nebel • schenken • gegen • Loch • Zeitung • schlecht • Paket
reisen • Saft • Licht • genau • reich • oben • weinen

3 In diesem Text haben sich verschiedene Wörter versteckt, die nicht lautgetreu sind. Unterstreicht sie und macht dann mit dem Text ein Aufschreibtraining.

Im Zirkus

Artisten tanzen | auf einem Seil | unter dem Zirkuszelt. | Löwen und Leoparden | laufen in die Manege. | Sie legen sich | auf den Boden und schlafen. | Die Zuschauer klatschen. | Auf einem Elefanten | reitet ein kleiner Schimpanse. | Der Clown macht | lustige Späße. | Die Kinder lachen. | Akrobaten reiten | auf schwarzen Pferden | im Kreis | und machen Saltos. | Die Besucher | klatschen begeistert | zur Musik. |

Wörter mit Aufpass-Stellen

1 Ordne die folgenden Wörter in die richtige Spalte ein. Markiere die Aufpass-Stelle gelb.

Stein • Freund • Weg • sprechen • quaken • Bild • Sportler • stark
Quadrat • Berg • Kleid • Freitag • stehen • sparen • Quelle

Ich höre *SCHT* und schreibe st/St	Ich höre *SCHP* und schreibe sp/Sp.	Ich höre *KW* und schreibe qu/Qu.	Ich höre *t* und schreibe d: Kind – Kin der	Ich höre *k* und schreibe g: Tag – Ta ge

2 Welches Wort mit a oder au steckt in den Wörtern. Schreibe es dahinter.

Gräser – ____ fällt – ____ Bäume – ____

Sätze – ____ fährt – ____ Kräuter – ____

Zähne – ____ hält – ____ Sträucher – ____

3 Sucht eigene Beispielpaare wie bei Aufgabe 2. Die Wörterliste kann euch helfen.

____ – ____ ____ – ____

____ – ____ ____ – ____

4 Suche die folgenden Wörter in der Wörterliste und markiere die Aufpass-Stellen gelb: Bild, Freund, Kleid, Quadrat, quaken, Quelle.

1 Ordne die folgenden Wörter in die richtige Spalte ein. Markiere die Aufpass-Stelle rot.

zahlen • See • Mai • Baby • Vater • Haare • Computer • Jahr
Vase • Hai • Boot • Cent • zählen • viel • Kaiser

Vorsicht! Aufpass-Stelle Dehnungs-h	Vorsicht! Aufpass-Stelle aa, ee, oo	Vorsicht! Aufpass-Stelle ai	Vorsicht! Aufpass-Stelle v/V	Vorsicht! Wörter aus anderen Sprachen
zahlen				

2 Schreibe die Wörter zu den Bildern auf.
Kontrolliere mithilfe der Wörterliste. Hake ab und markiere die Aufpass-Stelle rot.

3 Suche die folgenden Wörter in der Wörterliste und markiere die Aufpass-Stellen rot:
Baby, Hai, Jahr, Kaiser, Mai, Vater, Vase, viel.

4 Kannst du es? Seite 70 Aufgabe 2

Silben

1 Es gibt Wörter mit einer, mit zwei und mit mehr Silben. Findet passende Beispiele. Wörterliste oder Wörterbuch können euch helfen.

eine Silbe	zwei Silben	mehr als zwei Silben

2 Sprecht eure Wörter von Aufgabe 1 in Silben und setzt die Silbenbögen darunter.

3 Setze die Silben zusammen. Male das Tier, das übrig bleibt dazu.

BE • CHEN • DI • DIL • EICH • ER • FISCH • GE • GEI • GEN • GU • GU
HÖRN • IN • KÄN • KO • KRO • LING • NO • PA • PA • PIN • RA
RE • RI • RU • SAU • SCHLAN • SCHMET • TEN • TER • TIN • WURM

1 Sprecht die Wörter langsam und deutlich und schwingt die Silbenbögen mit.

Ge schich te • wer fen • hel fen • er lau ben • drau ßen • ges tern • ge hö ren

El tern • Kä fer • Ärz te • Han dy • hei ßen • Mär chen • Haa re • Er de • Eu le

2 Trenne die Wörter von Aufgabe 1 in **Sprechsilben**.

Ge-schich-te,

3 Denkt beim Trennen dieser Wörter an Fridolins Trennregel.

Setzt die Silbenbögen unter die Sprechsilben der Wörter.	Schreibt die Wörter nach Schreibsilben getrennt auf.
Abende • Opa • Elena	
Ameise • Elefant • Uhu	
Amerika • Igelbau • oben	

4 Sprich die Wörter in Silben und schreibe sie anschließend **getrennt** auf.

gerade • Zwiebel • merken • springen • verlieren • lachen • glücklich • heute
Ofenbank • stehen • Arme • Menschen • Finger • etwas • werden • Tasche
Abenteuer • weinen • überlegen • Gesicht • Maschine • Abendstern • reiten

5 Kannst du es? Seite 70 Aufgabe 3

1 Ordne die Wörter in die richtige Spalte ein.

Mädchen • Eiche • Fuchs • Bäcker • Vase • Pflanze • Clown
Katze • Flasche • Gräser • Maschine • Lehrer • Eule • Kastanie • Arzt
Zeitung • Kuh • Käfer • Strauch • Schuh

2 Finde für die restlichen Zeilen von Aufgabe 1 eigene Beispiele.
Vergleiche mit einer Partnerin oder einem Partner.

1 Untersucht die Nomen und Artikel, was fällt euch auf?

die Gesichter • die Lehrerinnen • die Geschichten • die Stühle • die Lichter
die Füller • die Hausmeister • die Klassenzimmer • die Bleistifte • die Seiten
die Lieder • die Hausaufgaben • die Räume • die Dinge • die Sachen

2 Setze die Nomen von Aufgabe 1 in die Einzahl und ordne sie richtig ein.

der	die	das
		Gesicht

3 Suche aus deiner Wörterliste passende Nomen heraus.

der/ein:

die/eine:

das/ein:

4 Kannst du es? Seite 70 Aufgabe 4

1 Untersucht diese Nomen. Wie könntet ihr sie ordnen?

Wut • Pfütze • Spaß • Pilz • Durst • Glück • Pizza • Freiheit • Beruf
Spiegel • Hunger • Schmerz • Geld • Hitze • Brief • Radio • Lehrer • Musik

2 Sammle weitere Nomen für Gefühle. Vergleiche und ergänze mit einem Partnerkind. Erstellt in der Klasse ein Plakat.

3 Unterstreiche die Nomen und schreibe sie mit ihrem Artikel auf.

plötzlich • lärm • süß • schreck • brav • außer • durst • wecken • ärger
grüßen • angst • gruß • voll • ruhe • jung • freude • immer • wut • wenig

1 Schiebe zwischen Artikel und Nomen verschiedene Adjektive ein:

der Berg der hohe Berg, der

die Frau

die Geschichte

der Fuchs

die Stadt

2 Beschreibt durch passende Adjektive.

3 Finde das Gegenteil und schreibe die Paare auf.

das kranke Kind - ? • das alte Handy - ? • eine kleine Familie - ?
die laute Straße - ? • eine lange Nacht - ? • die leichte Tasche - ?
ein bekannter Mann - ? • eine ungenaue Skizze - ?

1 Welche Form hilft euch beim Richtigschreiben? Überlegt gemeinsam und schreibt auf.

Länder • Schuh • Wald • Weg • Städte • Räume • Platz • Berg

2 Unterstreiche im Text die Nomen und schreibe sie dann richtig mit Artikel auf.

Der wichtigste helfer im haushalt

Ohne elektrischen strom könnten wir uns unseren alltag nicht mehr vorstellen. Viele maschinen erleichtern uns mit ihrer hilfe die arbeit: Die spülmaschine spült das geschirr, die waschmaschine wäscht die wäsche und die bohrmaschine bohrt ein loch in die wand. Die warme luft des föns trocknet die haare.

der Helfer,

3 Kannst du es? Seite 70 Aufgabe 5

1 Schreibe zu den Bildern passende Sätze. Vergleiche sie mit einem Partnerkind.

2 Bildet aus den Nomen, Verben und Adjektiven verschiedene Sätze.
Stellt sie der Klasse vor.

Nomen

Wiese • Kuh • Gras
Äpfel • Kinder • Birnen
Mutter • Meer • Fisch

Verben

liegen • kaufen
schwimmen • essen
leben • springen

Adjektive

braun • reif • billig
warm • sauber • grün
groß • glücklich

1 Schreibt das passende Verb zum Bild. Die Wörterliste kann euch helfen.

2 Schreibe zu den Bildern von Aufgabe 1 Sätze.

3 Male die Verben, die das Gegenteil ausdrücken, in der gleichen Farbe an und schreibe die Paare auf.

beginnen	schweigen	öffnen	verbieten	gehen	schließen
erlauben	stehen	frieren	beenden	sprechen	schwitzen

4 Finde eigene Gegensatzpaare. Vergleiche mit einer Partnerin oder einem Partner und stellt eure Beispiele der Klasse vor.

1 Schreibe die Verben in der Personalform. Was fällt dir auf? Markiere gelb.

waschen –	Er wäscht.	fahren –	
fangen –		fallen –	
halten –		tragen –	
schlafen –		schlagen –	

2 Untersuche die Verben in den verschiedenen Personalformen. Was fällt dir auf? Tausche dich mit einem Partnerkind aus. Besprecht eure Ergebnisse in der Klasse.

	ich	du	er, sie, es
legen	ich lege	du legst	
steigen			
bleiben			
werden			
springen			

3 Setze ein passendes Verb von Aufgabe 1 oder 2 ein und schreibe den Text auf.

Max ? mit dem Bus in die Schule. Der Bus ? vor der Grundschule. Der Unterricht ? um 8.00 Uhr an. Er ? sein Mäppchen auf die Bank und ? seinen Zauberlehrling auf. Beim Gong ? Max in die Pause. Zum Schluss ? er mit seinem Freund Mario den Abfall in die Tonne. Danach ? er sich die Hände.

4 Lass dir den Text einige Tage später diktieren.

1 Schreibe die Verben in der Gegenwartsform auf und kontrolliere mit der Wörterliste.

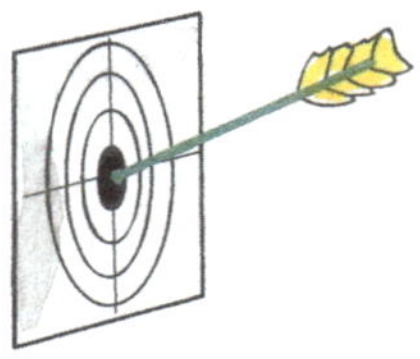
treffen

fressen

geben

er ______ es ______ sie ______

abnehmen

vorlesen

fernsehen

er ______ er ______ er ______

2 Schreibe Sätze zu den Bildern von Aufgabe 1 auf. Untersuche die Verben und vergleiche mit einem Partnerkind. Was fällt euch auf? Stellt eure Entdeckung in der Klasse vor.

3 Auch diese Verben verändern sich in der Grundform. Schreibe die Sätze auf.

Mutter essen
Abend
Wurstsalat

Lisa werden
Dezember
zehn Jahre

Vater vergessen
Schlüssel
Büro

Niklas wissen
Ergebnis
Aufgabe

4 Markiere die Aufpass-Stellen in deiner Wörterliste gelb: essen, fressen, vergessen.

1 Trainiere die Formen der 1. Vergangenheit.

Markiere:	Schreibe auf:	Suche die Grundform aus der Wörterliste:	Decke Spalte 1 und 2 ab und bilde zur Grundform die 1. Vergangenheit:
fielen			
gingen			
tranken			
schrieben			
lagen			
riefen			
kamen			

2 Findet auch zu diesen Verben die 1. Vergangenheitsform.

scheinen • steigen • ziehen • können • laufen • schneiden • lesen • geben
schlafen • singen • schieben • heißen • sollen • tragen • halten • müssen

sie schien,

3 Kannst du es? Seite 71 Aufgabe 6

1 Bildet aus den Wörtern zehn zusammengesetzte Nomen. Schreibt sie mit Artikel auf.

Abend	Spiegel	Ohren	Hals	Stein	Vogel	Wald	Mai	Wochen	Milch
Zeit	Weg	Stern	Bild	Arzt	Straße	Zeitung	Band	Käfig	Käfer

2 Welches Wort bestimmt den Artikel? Markiert die Wörter bei Aufgabe 1 farbig.

3 Hier kannst du mit Verben neue Nomen zusammensetzen.
Finde die fehlenden Wörter.

sitzen, stehen, ? → Platz

spülen, ?, bohren → Maschine

schwimmen → ?, Weste, Flügel

1 Mit jedem Bild kann man zwei zusammengesetzte Nomen bilden.
Schreibe sie mit Artikel auf.

grün bunt

hoch kühl

groß klein

weiß schwarz

der Grünspecht –

2 Vom Vogelhaus zum Gabelstapler. Die Bilder geben euch immer das nächste Wort vor.

Vogelhaus → Haus

3 Setze die Nomen zusammen und untersuche sie. Was fällt dir auf? Markiere gelb.
Vergleiche mit einem Partnerkind und stellt eure Entdeckung vor.

Advent	Geburt	Weihnachten	Arbeit	Unterricht	Gesicht
Tag	Baum	Kranz	Creme	Blatt	Beginn

4 Kannst du es? Seite 71 Aufgabe 7

1 Untersucht die Aussprache der Wörter. Welchen Laut hört ihr?

2 Was hilft euch beim Richtigschreiben der Wörter zu Aufgabe 1? Schreibt auf.

3 Schreibe die Wörter von Aufgabe 1 nun geordnet auf.

4 Setze d oder t ein. Schreibe die Wörter geordnet auf.

Lan__ • Luf__ • frem__ • blin__ • spä__ • Gel__ • run__ • San__ • Blu__
Stran__ • tausen__ • hunder__ • Aben__ • nieman__ • ro__ • Kin__ • gu__

5 Setze die Wörter von Aufgabe 4 richtig ein und schreibe die Sätze auf.

Der ? Mann fragt nach dem Weg. In vielen ? spricht man Englisch. Im Zimmer steht ein ? Tisch. Aller ? Dinge sind drei. ? hat das kleine ? gesehen. Heute ziehe ich die ? Hose an. Am ? sieht man ? Sterne am Himmel. Die warme ? steigt nach oben.

1 Setze g oder k ein. Welches Wort hilft dir beim Richtigschreiben?

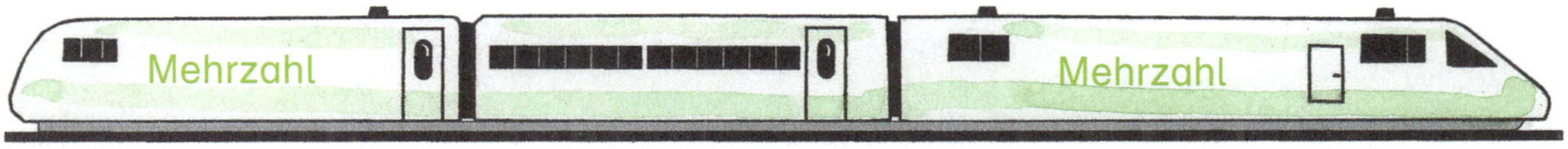

← Ausflu__	← Zu__
← We__	← Bur__
← Ban__	← Krie__
← Spielzeu__	← Schran__
← Ber__	← Fabri__
← Geschen__	← Käfi__

2 Auch hier kannst du deinen Trick anwenden. Schreibe die Wörter richtig auf.

3 Setze passende Wörter ein und schreibe die Sätze auf.

gelb • halb • schrieb • trüb • lieb • Kalb • schob • trieb • trüb

Maria isst nur eine ? Pizza.
Das ? Kleid steht dir gut.
Die Enkelkinder ?: ? Oma, wir kommen dich am Sonntag besuchen.
Das ? Wasser am Strand kommt von den Algen.
Wir ? das Fahrrad den steilen Berg hinauf.
Die Kinder ? die ? auf die Wiese neben dem Bauernhof.

4 Lass deine Sätze von Aufgabe 3 von einer Partnerin oder einem Partner korrigieren.

5 Kannst du es? Seite 71 Aufgabe 8

Wörter mit ä/Ä von a/A

1 Welches Wort hilft dir beim Richtigschreiben? Schreibe auf.

Säfte – ______	Räder – ______	Ärzte – ______
Äste – ______	Wälder – ______	Bänder – ______
Männer – ______	Länder – ______	Nächte – ______

2 Welches Wort hilft dir hier beim Richtigschreiben?

der Bäcker	backen	färben	______
das Rätsel	______	wählen	______
die Fähre	______	zählen	______
das Päckchen	______	kämmen	______

3 Untersucht die Wörter von Aufgabe 2. Was hat euch geholfen? Schreibt auf.

______

4 Verbinde die verwandten Wörter. Markiere ä und a gelb.

Jäger •	• schaffen
Geschäft •	• jagen
quälen •	• Angst
ängstlich •	• Qual

erklären •	• Gefahr
gefährlich •	• nach
ändern •	• klar
nächste •	• anders

1 Markiert die verwandten Wörter in der gleichen Farbe. Schreibt die Wortfamilien dann geordnet auf und ergänzt weitere passende Wörter.

stark	länger	wärmer	schärfer	stärker
kalt	warm	schärfen	erwärmen	verlängern
scharf	erkälten	verstärken	lang	kälter

stark, stärker,

kalt,

2 Setze ein e/E oder ä/Ä.

__nte • __pfel • Z__hne • St__rn • __nde • *t__glich* • *N__chte*

Schw__ster • H__schen • h__lt • m__rken • Fahrr__der • B__rge

3 Bilde mit den Wörtern jeder Zeile einen sinnvollen Satz. Markiere ä gelb.

plötzlich • fallen • Jakob • Stuhl
morgens • austragen • Zeitungsfrau • Zeitungen
am Nachmittag • backen • Opa • Plätzchen
beim Schulfest • halten • Rektorin • Rede
heute • fahren • Freund • Urlaub
bei uns • waschen • Waschmaschine • Wäsche
vielleicht • verraten • Lehrerin • Lösung
jeden Tag • fangen • Katze • Mäuse

1 Verbinde die verwandten Wörter. Präge dir anschließend immer ein Wortpaar ein und schreibe es auf.

Gebäude	Haufen
häufig	bauen
bräunen	laut
läuten	braun

Bräutigam	Schaum
säubern	rauschen
Geräusche	sauber
schäumen	Braut

2 Schreibe die Wörter mit äu von Aufgabe 1 in Silben zerlegt auf. Was fällt dir auf?

3 Findet mindestens zwei verwandte Wörter mit äu. Markiert äu gelb.

verkaufen:

Traum:

laufen:

Raum:

1 Schreibe alle Wörter mit eu auf. Achte dabei auf die Groß- und Kleinschreibung.

d	e	u	t	s	c	h	l	a	n	d
e	l	e	u	t	e	t	e	u	e	r
u	f	a	h	r	z	e	u	g	u	s
t	e	u	r	o	p	a	c	t	n	t
l	u	x	x	e	x	x	h	r	x	e
i	e	f	e	u	c	h	t	e	x	u
c	r	x	x	l	x	h	e	u	t	e
h	x	x	z	e	u	g	n	i	s	r

waagerecht:

senkrecht:

2 Hier könnt ihr zusammengesetzte Nomen bilden. Ergänzt eigene Beispiele.

Melder – Wehr – Feuer – Löscher – ?

Fahne – ? – Europa – Hymne – ?

? – ? – Zeug – werken – ?

3 Finde weitere Wörter zu den Wortfamilien. Ergänze mit einem Partnerkind.
Stellt eure Beispiele in der Klasse vor und vergleicht.

freuen – erfreulich – ? – ? • neu – neugierig – ? – ?
Freund – anfreunden – ? – ? • Kreuz – ankreuzen – ? – ?

4 Kannst du es? Seite 72 Aufgabe 9

1 Sprich die Wörter. Kennzeichne das lang gesprochene a mit einem Strich – und das kurz gesprochene a mit einem Punkt •.

2 Ordne die Wörter von Aufgabe 1 richtig ein. Die Wörterliste hilft dir beim Richtigschreiben.

langes betontes a	kurzes betontes a

1 Sprich die Wörter. Schreibe die Wörter getrennt auf. Kennzeichne das lang gesprochene ü durch einen Strich [–], das kurz gesprochene ü durch einen Punkt [•].

ü ☐  ü ☐  ü ☐  ü ☐ 

2 Sprecht die Wörter und achtet auf den betonten Vokal oder Umlaut. Setzt die Silbenbögen und ordnet die Wörter richtig ein.

essen Boden schenken gehören Wagen Wälder

neben gerne Türen Eltern Haare Pfütze Dörfer

Käfer gehen Tiger Märchen Texte gegen immer

Wir werden lang gesprochen und haben eine offene Silbe.	Wir werden kurz gesprochen und haben eine geschlossene Silbe.

3 Kannst du es? Seite 72 Aufgabe 10

Wörter mit ie

1 Sprich die Wörter mit ie in Silben. Schreibe sie dann auf.

    7 

2 Wie viele Wörter mit ie findet ihr waagerecht und senkrecht? Markiere zuerst alle ie gelb.

v	s	i	e	b	e	n	h	i	e	r	v	x
i	c	o	n	v	e	r	b	i	e	t	e	n
e	h	r	i	d	i	e	s	e	w	i	r	z
r	w	i	e	d	e	r	y	v	i	e	l	i
n	i	e	m	a	l	s	h	x	e	f	i	e
x	e	c	a	l	b	e	i	s	p	i	e	l
x	r	h	n	i	b	i	e	g	e	n	r	e
l	i	e	d	e	s	c	h	i	e	b	e	n
x	g	n	i	b	x	l	i	e	g	e	n	x

3 Welches Wort hilft euch, den i-Laut deutlich zu hören? Schreibt auf.

Brief –	zielt –	liebt –
Tier –	riecht –	tief –
Beispiel –	schiebt –	schief –
Lied –	zieht –	viel –

1 Setze die Verben richtig ein. Mache dann mit den Sätzen ein Aufschreibtraining.

liegen
gießen
zielen
schieben
lieben
riechen
verlieren
fotografieren

Der Gärtner muss die Pflanzen ______________.

Papa ______________ den Kinderwagen.

Mutter ______________ unsere Familie.

Die kleine Lilia ______________ ihren Teddy.

Die Pizza ______________ gut.

Maria ______________ auf das Tor.

Unsere Mannschaft ______________ heute.

Die Katze ______________ auf meinem Bett.

2 Untersucht die Verben: Langer oder kurzer i-Laut? Schreibt geordnet auf.

●: ______________________________

–: ______________________________

3 Kannst du es? Seite 72 Aufgabe 11

1 Viele Wörter zu den Gegenständen haben einen doppelten Konsonanten. Male die Bilder an und sprich die Wörter dabei in Silben: Teddy, Bagger, Puppe ...

2 Schreibe Wörter zu dem Bild auf. Markiere den doppelten Konsonanten gelb. Vergleiche. Sucht weitere Wörter in der Klasse und gestaltet ein Plakat.

3 Sprich die Wortpaare. Achte darauf, wie die Vokale klingen. Kennzeichne den kurzen Vokal oder Umlaut mit einem Punkt •.

Ofen – offen • beten – Betten • Schall – Schal • Miete – Mitte • Quallen – Qualen

Stiel – still • Hütte – Hüte • er kam – Kamm • Schiff – schief • raten – Ratten

1 Markiert den doppelten Konsonanten gelb.
Schreibt das Wort auf, durch das ihr den doppelten Konsonanten erkennen könnt.

Nuss • Kamm • Schiff • Stamm • Programm • Pass • Bett • Stoff • Mann
dumm • hell • glatt • schnell • still • schlimm • nass

2 Bilde mit den Wörtern von Aufgabe 1 und den Bildern zusammengesetzte Nomen.
Schreibe sie auf.

3 Sucht Wörter mit doppelten Konsonanten aus einem Lesetext.

4 Markiere die Aufpass-Stellen der folgenden Wörter in deiner Wörterliste gelb:
Bett, dumm, Mann, schlimm, schnell.

Wörter mit doppelten Konsonanten

1 Sprich die Grundform in Silben. Schreibe dann zu den Bildern kurze Sätze.
Markiere den doppelten Konsonanten gelb.

Feuer brennen

Biene summen

Mädchen essen

Rechnung stimmen

2 Schreibe passende Sätze und markiere den doppelten Konsonanten gelb.

Mutter kommen Zimmer	Mannschaft FC Palau gewinnen Wettkampf	Enno stellen Teller Schrank	Hannah vergessen Handtuch Schwimmbad

3 Aufgepasst! Schreibt die Verben in der Grundform, Gegenwart und 1. Vergangenheit.
Die Wörterliste kann euch helfen: rennen, er rennt, er rannte

wollen • kommen • müssen • fallen • schwimmen • treffen

4 Markiere die doppelten Konsonanten der Verben von Aufgabe 2 und 3 in der Wörterliste gelb.

1 Finde das verwandte Nomen oder Verb und schreibe es auf.

Nomen	Verb	Verb	Nomen
der Kamm		bitten	
der Gewinn		beginnen	
der Kuss		stellen	
der Donner		wetten	

2 Suche zu jedem Wort mindestens drei verwandte Wörter. Vergleiche mit einer Partnerin oder einem Partner. Ergänzt und markiert den Wortstamm.

rennen • fallen • retten • offen • schnell

3 Einfacher oder doppelter Konsonant? Besprecht euch und setzt ein.

l oder ll?: be___en • ho___en • zie___en • a___e • so___

wo___en • li___a • Ro___er • ma___en • he___fen

s oder ss?: Na___e • Kla___e • mü___en • bö___e • Ki___en

Grä___er • fre___en • Wa___er • rei___en • na___

m oder mm?: Hi___el • Dau___en • So___er • Hu___el • Trau___

Bäu___e • zusa___en • i___er • räu___en • schwi___en

4 Kannst du es? Seite 73 Aufgabe 12

1 Sprecht den Satz von Felix. Wie klingt der Laut vor dem ck? Schreibt auf.

2 Ordne die Wörter nach dem ABC. Markiere ck gelb.

wecken • Block • trocken • Stück • packen • blicken • glücklich • Glück
dicke • Päckchen • backen • verstecken • erschrecken • Ecke • zurück

3 Setze Silbenbögen unter die Wörter von Aufgabe 2: backen, ...

4 Male die verwandten Wörter in der gleichen Farbe an. Markiere das ck gelb.
Finde noch weitere Wörter und schreibe die Wortfamilien auf: dreckig, Dreck, ...

dreckig	abtrocknen	Gebäck	Ecke	schreckhaft
erschrecken	backen	Viereck	schrecklich	Trockenheit
Dreck	trocken	Bäcker	eckig	Dreckspatz

5 Markiere das ck der folgenden Wörter in deiner Wörterliste gelb: backen, Bäcker, erschrecken, Glück, glücklich, Schreck, Stück, zurück.

1 Markiere alle tz gelb. Sprich die Wörter und ergänze Amandas Tipp.
Schreib dann die Wörter auf.

waagerecht: ______

______

______

______

senkrecht: ______

______

______

______

S	I	T	Z	E	N	X	O	P	R	S
C	V	K	U	O	E	F	D	F	B	P
H	U	P	L	A	T	Z	C	Ü	L	A
Ü	R	S	E	T	Z	E	N	T	I	T
T	S	Ä	T	Z	E	B	S	Z	T	Z
Z	A	V	Z	K	A	T	Z	E	Z	U
E	T	P	T	J	E	T	Z	T	S	C
N	Z	P	L	Ö	T	Z	L	I	C	H

2 Setzt z oder tz richtig ein.

schwar___ • Hi___e • Si___pla___ • kur___ • Hol___ • Mär___

Scha___truhe • Schmu___ • Pil___e • verle___en • Her___ • Ar___t

3 Bilde Sätze und schreibe sie auf. Achte auf das tzt.

Hund	Heidi	Herr Huber	Sportlerin
kratzen	spitzen	putzen	schwitzen
Tür	Bleistift	Wohnung	Training

4 Bilde mit Wörtern von Aufgabe 1 zusammengesetzte Nomen.

Ableiter • stehen • Regen • Spinnen • Frage • Futter • Dreck

5 Markiere das tz der folgenden Wörter in deiner Wörterliste gelb: Katze, Pfütze, Platz, plötzlich, Satz, schützen, sitzen, zuletzt.

6 Kannst du es? Seite 73 Aufgabe 13

1 Bilde mit den Wortbausteinen -heit und -keit Nomen.

deutlich • dumm • ehrlich • krank • gleich • fröhlich
schön • gesund • schwierig • wahr • wichtig

Wortbaustein -heit	Wortbaustein -keit

2 Mit welchem Wortbaustein kannst du aus den folgenden Adjektiven und Verben Nomen bilden? Schreibe die Nomen mit Artikel auf.

lang • nah • lieb • kalt • stark • tief • groß • warm

stimmen • spitzen • skizzieren • wiegen • spritzen • ruhen • fliegen

3 Bildet mit den Adjektiven neu und schnell Nomen und schreibt Sätze damit.

1 Achtung, die Nomenmaschine ist in Betrieb! Sie macht aus Verben und den Wortbausteinen -ung und -er Nomen. Schreibe sie auf.

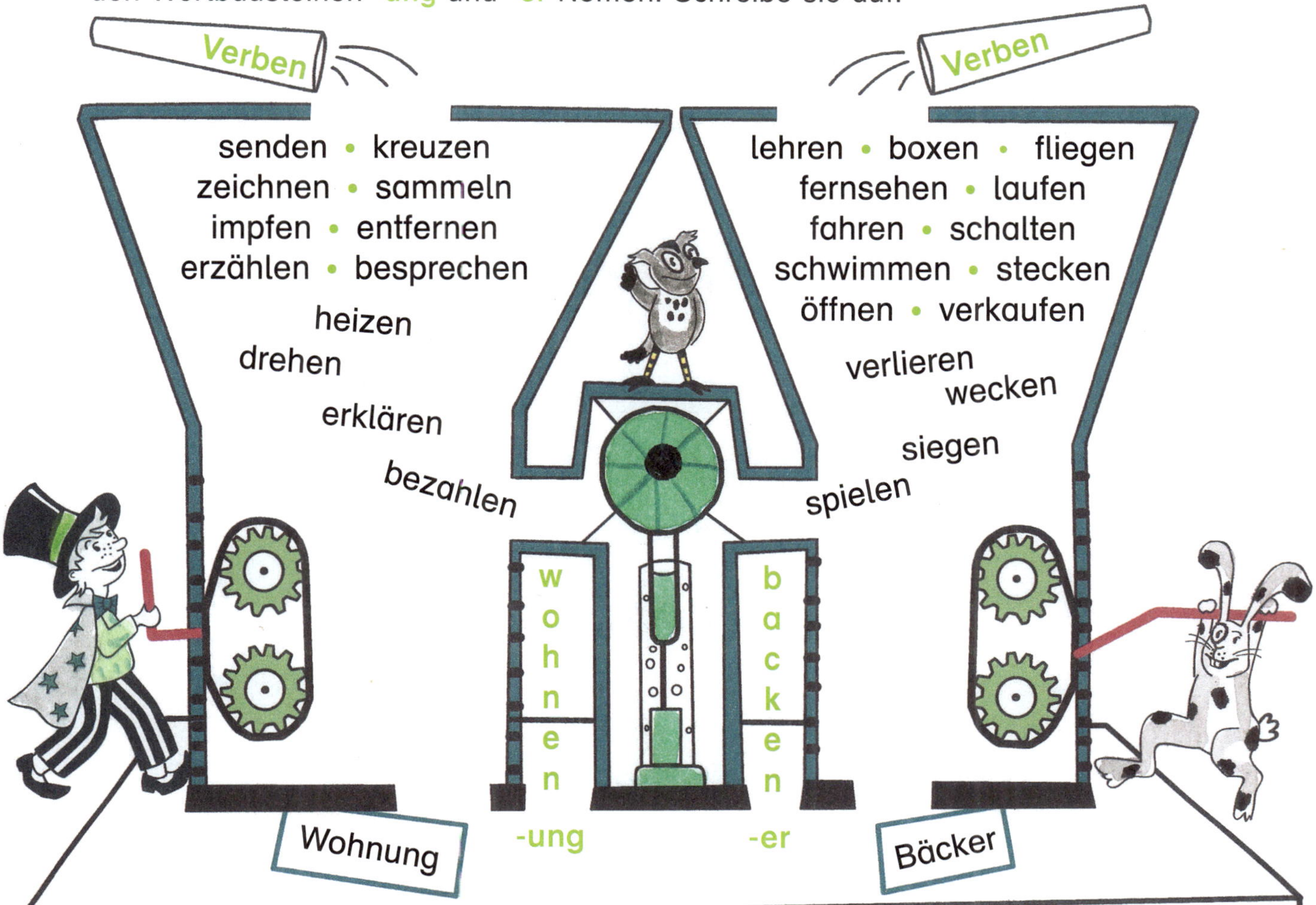

Wohnung,	Bäcker,

2 Wähle Nomen von Aufgabe 1 aus und schreibe Sätze damit.

Verben mit Wortbausteinen

1 Die Wortbausteine kannst du mit nehmen zusammensetzen. Schreibe die Wörter auf.

an- auf- zu- vor- zurück-

ab- aus- be- ein- ver-

nahm	nehmen	nimmt

2 Setzt passende Verben von Aufgabe 1 ein.

Max muss unbedingt ____________. Der Mond ____________ zurzeit ______. Der Patient ____________ die Medizin ______. Der Polizist ____________ den Dieb. Lara will die Fernsehsendung ____________. Ich kann dieses Geschenk nicht ____________. Der Fischhändler ____________ die Forellen ______. Ich ____________ mir ______, schöner zu schreiben. Lena ____________ sich immer gut. Kann man die Bestellung ____________?

3 Wie viele sinnvolle Wortbausteine findet ihr zu sagen? Schreibt Sätze dazu und stellt sie in der Klasse vor.

1 Dreimal wurde am Rad gedreht. Male jedes neu entstandene, sinnvolle Verb (Wortbaustein + Verb) in einer anderen Farbe an.

2 Schreibe die neu entstandenen Verben auf.

3 Setze die Wörter zusammen und untersuche sie. Was fällt dir auf?
Tausche dich mit einem Partnerkind aus und besprecht eure Entdeckung in der Klasse.

1 Suche aus deiner Wörterliste 10 Verben, vor die du den Wortbaustein ver- setzen kannst. Schreibe die Wörter zweifarbig auf.
Vergleiche mit einer Partnerin oder einem Partner und ergänze.

vertragen,

2 Schreibe die neuen Verben wieder zweifarbig auf.

3 Aus welchen Verben von Aufgabe 2 könnt ihr ein Nomen bilden?
Findet sie heraus und schreibt jeweils einen Satz dazu.

4 Kannst du es? Seite 73 Aufgabe 14

Adjektive kann man steigern. Sie haben eine Grundform und zwei Vergleichsstufen.

1 Findet Vergleiche und verwendet dazu folgende Adjektive.
Beispiel: Im Winter ist es kälter als im Sommer.

alt • schwer • lang • stark • schnell • tief

2 Steigere die Sätze von Aufgabe 1. Vergleiche mit einer Partnerin oder einem Partner. Beispiel: Am Nordpol ist es am kältesten.

Adjektive mit den Wortbausteinen -ig und -lich

1 Lies die Radiomeldung. Unterstreiche die Adjektive.

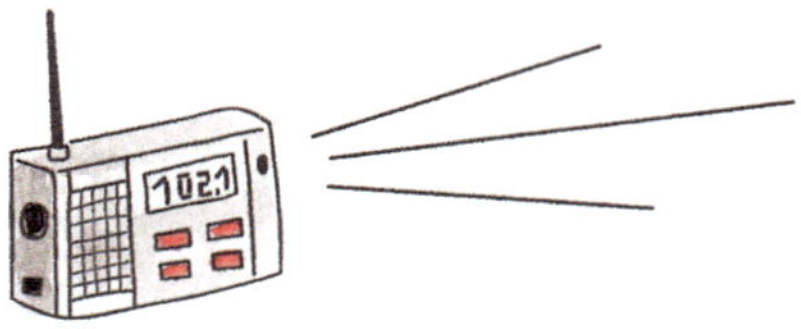

Das Wetter wird morgen sonnig, aber sehr windig.
Wo es schattig ist, sind die Straßen rutschig.
Fahren Sie vernünftig und vorsichtig!

2 Untersuche die Adjektive von Aufgabe 1. Wie wurden sie gebildet?
Besprich dein Ergebnis mit einem Partnerkind. Schreibt auf.

____

3 Bilde aus den Nomen durch den Wortbaustein -ig Adjektive.
Mache dann das g durch Verlängern hörbar.

Durst	☐☐☐☐☐☐☐	→ ein ________	Wanderer
Schmutz	☐☐☐☐☐☐☐	→ ein ________	Hemd
Fleiß	☐☐☐☐☐☐☐	→ ein ________	Schüler
Hunger	☐☐☐☐☐☐☐	→ ein ________	Bär
Ruhe	☐☐☐☐☐	→ ein ________	Platz
Gift	☐☐☐☐☐☐	→ ein ________	Pilz
Stein	☐☐☐☐☐☐☐	→ ein ________	Weg

4 Schreibe mit den Adjektiven von Aufgabe 3 eigene Sätze.

1 Mit welchem Wortbaustein werden aus diesen Nomen Adjektive?
Tragt ein und schreibt die Adjektive auf.

• Glück • Mann • Angst • Jahr • Sport • Punkt • Schreck • Sache

2 Setze Adjektive von Aufgabe 1 ein und schreibe die Sätze auf.

Der ? Artikel heißt *der* oder *ein*.
? um 20.00 Uhr begann das Spiel.
Der ? Schüler lief am schnellsten.
Alexander hatte einen ? Traum.
Der ? Gewinner freute sich über die 1000 Euro.
Das ? Kind fürchtet sich vor dem großen Schäferhund.

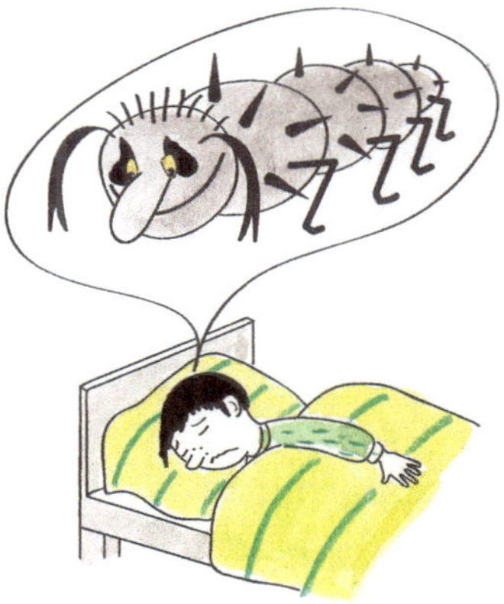

3 Schreibe mit diesen Adjektiven je einen Satz.

endlich

plötzlich

vergesslich

4 Ordne diese Adjektive nach dem  .

schlimm • dick • schnell • genau • reich • voll
lieb • wahr • tief • neu • gerade

5 Kannst du es? Seite 73 Aufgabe 15

1 Welches Wort hilft euch beim Richtigschreiben? Setzt Silbenbögen, was fällt euch auf?

sieht – ______ geht – ______ zieht – ______

steht – ______ dreht – ______ flieht – ______

2 Welches Verb von Aufgabe 1 fehlt? Setze ein und bilde Fragesätze.

Mann ? Supermarkt Kasse	Mädchen ? Katze Baum	Garten ? Kirschbaum	Wind ? Räder Mühle	Freundin ? abends Training

______

______

______

______

______

3 Setze Wörter aus der ersten und zweiten Zeile zusammen und schreibe sie auf. Markiere das h gelb. Vergleiche mit einer Partnerin oder einem Partner.

gehen • drehen • glühen • stehen • nähen • leihen • ziehen • sehen

Würmchen • Platz • Fehler • Maschine • Brunnen • Wagen • Tür • Weg

4 Markiere in deiner Wörterliste gelb: blühen, drehen, gehen, sehen, stehen, ziehen.

1 Sprich die Nomen in der Einzahl und Mehrzahl. Schreibe sie dann auf. Markiere.

Kuh

2 Schreibe mit dem Gegenteil einen kurzen Satz.

gekochter Schinken – roh Lea isst

der späte Zug – früh

die entfernte Stadt – nah

eine traurige Nachricht – froh

3 Welche zusammengesetzten Nomen mit h werden gesucht?
Schreibt sie auf und markiert das h gelb.

Jahreszeit, die früh im Jahr ist • Stall, in dem Kühe stehen
ein Schrank für die Schuhe • Mahlzeit, die man früh am Morgen einnimmt
Creme, die man für die Schuhe braucht

4 Markiere in deiner Wörterliste gelb: Kuh, Schuh, Zeh.

1 Untersucht die Wörter: Welches Zeichen braucht ihr [–] oder [•] ?
Setzt ein und markiert das ß gelb.

grüßen	außen	fleißig	Füße	große	Straße	außer	weiße
☐	☐	☐	☐	☐	☐	☐	☐
heißen	draußen	beißen	gießen	Sträuße	reißen	Späße	süße
☐	☐	☐	☐	☐	☐	☐	☐

2 Ordne die Wörter von Aufgabe 1 nach dem ABC und setze Silbenbögen darunter.

außen,

3 Mit welchen Wörtern von Aufgabe 1 kannst du zusammengesetzte Nomen bilden?
Vergleiche mit einer Partnerin oder einem Partner. Stellt eure Wörter in der Klasse vor.

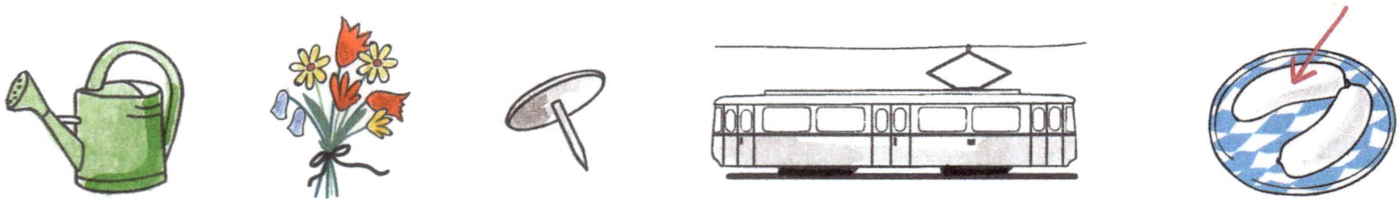

Blumen • Bahn • Nagel • Ball • Stadt • Kanne • Wand • Wurst

4 Markiere in deiner Wörterliste gelb: außer, draußen, Fuß, groß, heißen, Straße.

1 Untersucht die Verben oben. Warum wird aus ss ein ß? Schreibt auf.

2 Schreibe die folgenden Sätze in der 1. Vergangenheit.

Finn isst in der Pause Vollkornbrot und Obst. Auf den Bäumen im Schulhof sitzen schwarze Krähen. Sie fressen die Reste aus dem Abfalleimer. Anna vergisst ihre Brotzeitdose. Die Kinder lassen ihre Mappen im Klassenzimmer.

3 Setze ss oder ß ein. Vergleiche mit einem Partnerkind und besprecht eure Schreibweisen.

wi___en • Gru___ • Kla___e • flei___ig • sü___ • me___en

hei___ • Grö___e • mü___en • la___en • wei___ • Spä___e • Ki___en

4 Wähle Verben von dieser Seite aus und schreibe eigene Sätze in der 1. Vergangenheit.

1 Ordne richtig ein. Markiere den **Vokal** oder **Umlaut mit h** rot.

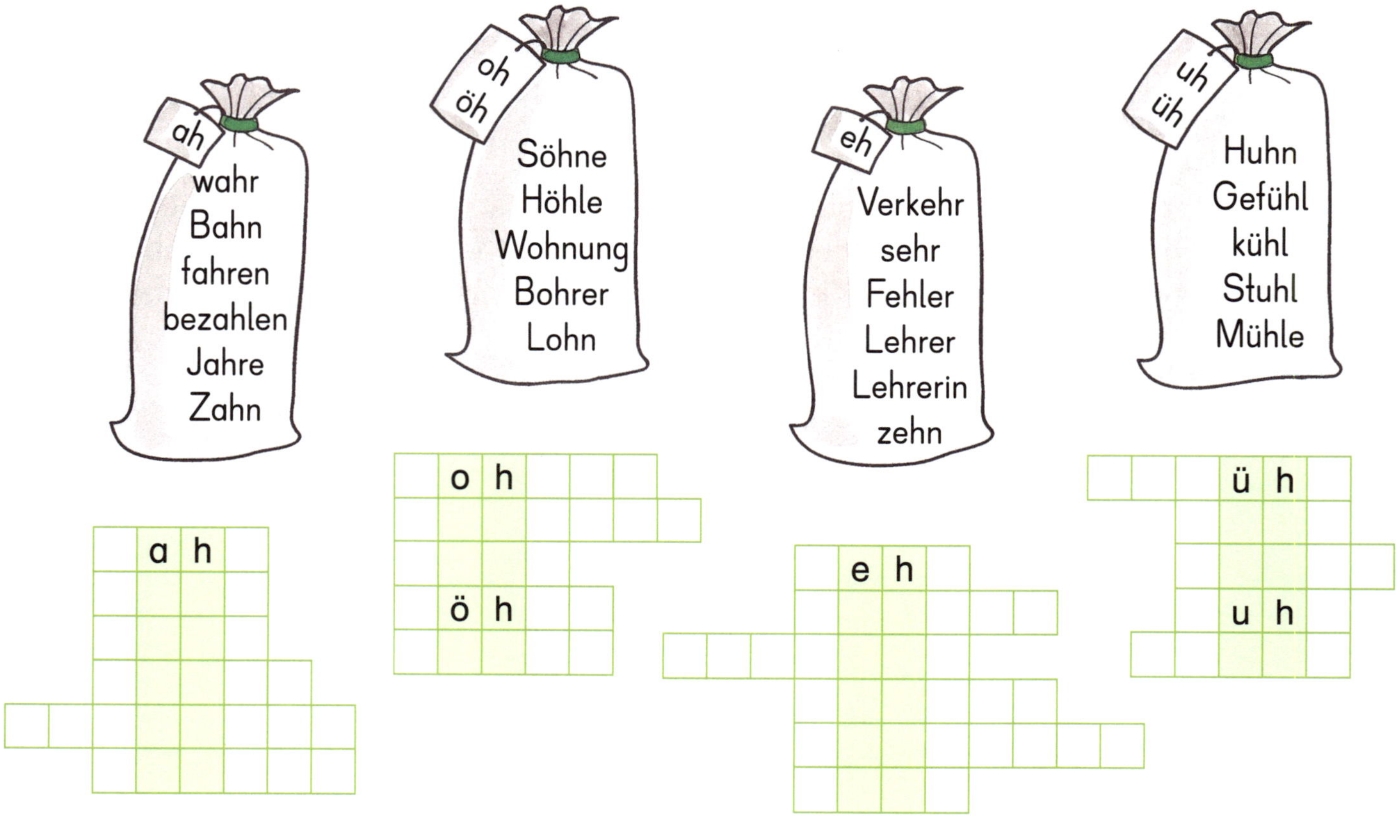

2 Bilde zum Wortstamm **ZAHL** eine Wortfamilie. Vergleiche mit einem Partnerkind. Stellt eure Wortfamilie in der Klasse vor und ergänzt.

3 Markiere in deiner Wörterliste die Aufpass-Stellen rot: erzählen, fahren, Jahr, sehr, wahr, Zahl, zehn.

Wörter mit einer Aufpass-Stelle: aa, ee, oo

1 Male die Wörter mit einem doppelten Vokal im Bild aus.

2 Ordne richtig ein.

Zoo • Haare • Schnee • Moos • Waage • Tee • Kaffee
Boot • Meer • leer • Aal • Erdbeeren • See • Paar

aa	oo	ee
__________	__________	__________
__________	__________	__________
		__________

3 Setzt passende Wörter von Aufgabe 2 in die Geschichte ein.

Wir fuhren am Sonntag ans __________. Der Strand war fast __________. Nur Fischer mit ihren __________ waren zu sehen. Sie hatten __________ gefangen. Die Fische wurden auf einer __________ gewogen. Papa fand __________igel und __________sterne. Später gingen wir in ein Gasthaus, tranken Früchte__________ und __________ und aßen __________kuchen.

4 Mache mit dem Text von Aufgabe 3 ein Aufschreibtraining.

5 Markiere in deiner Wörterliste die Aufpass-Stellen rot: Haare, Meer, Schnee, See.

1 Schlage die Lösungswörter zu den Rätseln in der Wörterliste nach. Welche Aufpass-Stelle haben sie gemeinsam? Markiere sie rot.

der 11. Monat im Jahr		Elternteil	
langes Wort für Pulli		Gefäß für Blumen	
Berg, der Feuer speit.		Gegenteil von wenig	
Es hat vier Ecken.		anderes Wort für Klub	

2 Schreibe mit jedem Wort von Aufgabe 1 einen Satz.

3 Wisst ihr, was diese Wörter bedeuten? Informiert euch in einem Lexikon oder im Internet und tauscht euch aus. Markiert das v/V rot.

Verben • Nerven • Venen • Violine • Virus • Lava • Vetter • Vokal

4 Erkläre einem Partnerkind 2 Begriffe. Schreibt gute Erklärungen auf und stellt sie der Klasse vor.

1 Die Wörterschlange frisst den Apfel. Dadurch entstehen neue Wörter.
Schreibe sie auf und achte auf die Groß- und Kleinschreibung.

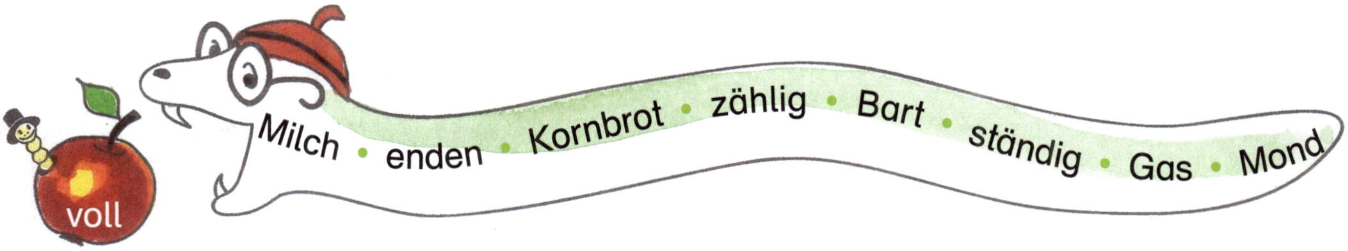

2 Bilde Sätze mit viele.

① 

② 

③ 

①

②

③

Die Wortbausteine VER und VOR schreiben wir mit v/V.

3 Lies dir die Aufschreibregeln in der Klappe noch einmal durch.
Übe dann mit jedem Wörterblock das richtige Aufschreiben.

Verkehr	Versammlung	Vorbild	Vorfahrt
Verkehrsampel	Verschmutzung	Vorführung	Vorfahrtsstraße
Verkehrszeichen	Verletzung	Vormittag	Vorfahrtsschild

4 Markiere in deiner Wörterliste die Aufpass-Stelle v rot: vielleicht, vier, voll.

1 Schreibe die Nomen mit ä ohne a unter die Bilder. Markiere das ä rot.

  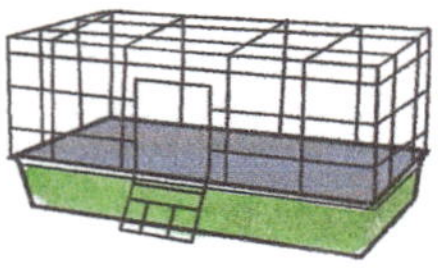 

______ ______ ______ ______

 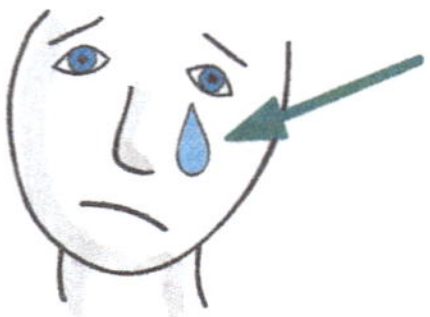 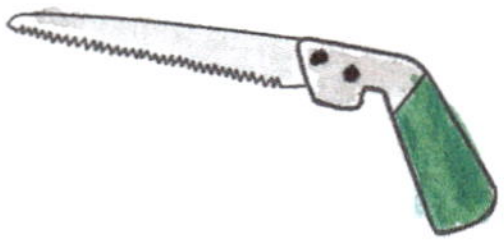 

______ ______ ______ ______

2 Auch diese Wörter mit ä musst du dir merken. Markiere das ä rot.

Lärm • spät • mähen • Märchen • krähen • während

3 Setze die Wörter von Aufgabe 2 richtig ein. Vergleiche mit einem Partnerkind.

Opa erzählt uns ein ______. Bei ______ kann ich nicht gut arbeiten. Wie ______ ist es? Der Hahn ______ früh am Morgen. ______ der Ferien besuche ich meine Freundin. Der Bauer ______ die Wiese.

4 Mache mit dem Text von Aufgabe 3 ein Aufschreibtraining.

5 Markiere in deiner Wörterliste ä rot: Käfer, Käfig, Mädchen, Märchen, März.

1 Schreibe die Nomen mit i unter die Bilder. Markiere das i rot.

BEL • BER • BI • BI • DIL • E • FA • GEL • GER • I • KO
KRO • LI • MA • MI • NE • NIL • PFERD • SCHI • TI

   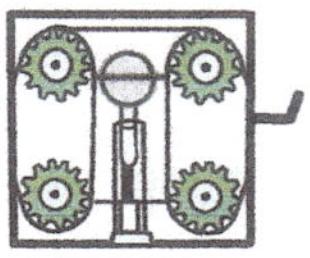

2 Hänge die passende Endung an und schreibe die Wörter auf. Markiere das i rot.

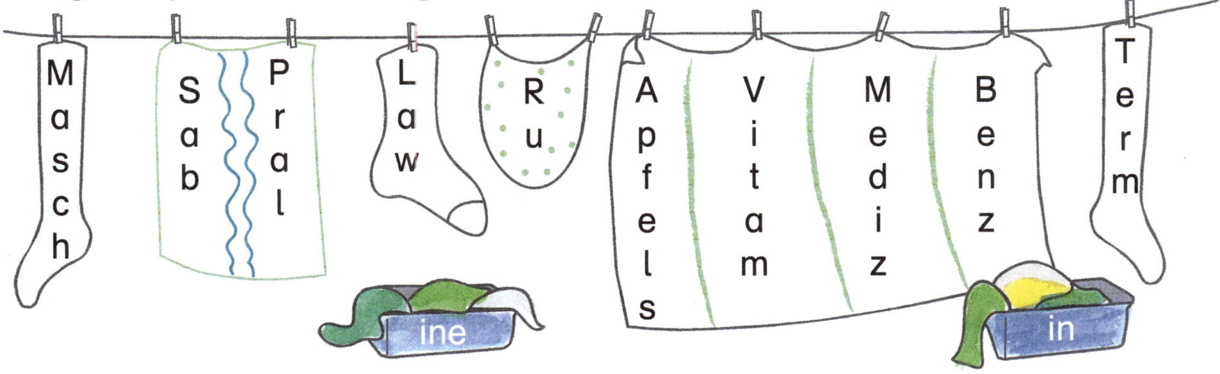

3 Markiere in deiner Wörterliste i rot: Familie, Maschine, Tiger.

Wörter aus anderen Sprachen

1 Schlage die Wörter in der Wörterliste nach und schreibe sie auf.

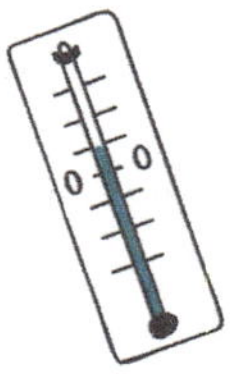

S. ____ Spalte ____ S. ____ Spalte ____ S. ____ Spalte ____ S. ____ Spalte ____

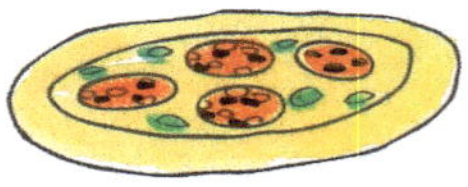

S. ____ Spalte ____ S. ____ Spalte ____ S. ____ Spalte ____ S. ____ Spalte ____

2 Auch diese Wörter kommen aus anderen Sprachen. Ordne sie nach dem ABC.

Pony • Christ • Pommes • Information • Skizze
Cent • Trainer • E-Mail • Computer

3 Markiere in deiner Wörterliste rot: Cent, Clown, Computer, Handy, Pizza, Skizze.

1 Schreibe die Wörter mit x auf. Kontrolliere mithilfe der Wörterliste und markiere x rot.

2 Schreibt zu jedem Wort von Aufgabe 1 ein Rätsel und tragt es in der Klasse vor.

3 Schreibe zu jedem Wort von Aufgabe 1 zwei zusammengesetzte Nomen.

4 Schreibe die Wörter mit chs auf. Kontrolliere mithilfe der Wörterliste und markiere chs rot.

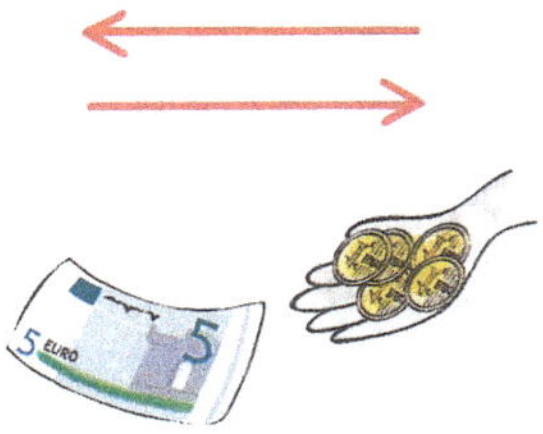

5 Schreibe mit jedem Wort von Aufgabe 4 einen eigenen Satz.

6 Markiere die ks-Laute in der Wörterliste rot: Fuchs, sechs, Hexe, links, Taxi, Text.

1 Suche die Wörter zu den Bildern aus der Wörterliste und markiere die Aufpass-Stelle.

Wir sind miteinander ______ .

______ ein ______ Brot

2 Markiere die Aufpass-Stellen in den folgenden Sätzen.
Mache mit ihnen ein Aufschreibtraining oder lass sie dir diktieren.

Im Wald lebt eine Fuchsfamilie.
Wann fährt uns das Taxi in die Stadt?
Soll ich dann beim Bäcker einen Laib Brot kaufen?
Meine Oma hat mir sehr oft Märchen erzählt.
Ich bin von Mittwoch bis Sonntag am Bodensee.
Warum läuft der Tiger im Käfig immer hin und her?

3 Wie viele Wörter findest du zum Wortstamm FAHR? Vergleiche mit einer Partnerin oder einem Partner. Sammelt zum Schluss alle Wörter auf einem Plakat.

______

______

______

4 Suche weitere häufige Fremdwörter. Ein Wörterbuch kann dir helfen.
Sammelt in der Klasse alle Wörter auf einem Plakat: Shampoo, joggen, trainieren…

1 Fahre die Lösungswörter der Rätsel im Gitter farbig nach. Schreibe sie dann auf.

H	A	A	R	E	O	P	M	F	S
M	L	S	C	H	N	E	E	A	E
Ä	P	S	K	I	Z	Z	E	M	C
R	I	K	Ä	F	I	G	R	I	H
C	Z	U	L	Z	P	T	L	L	S
H	Z	Z	E	H	N	E	H	I	S
E	A	X	R	T	A	X	I	E	E
N	C	H	R	I	S	T	E	N	E
F	U	C	H	S	H	B	N	A	Y

1. Hexen und Riesen kommen darin vor.
2. Er fällt weiß vom Himmel.
3. Tier mit rot-braunem Pelz
4. Du hast sie auf dem Kopf.
5. Lieblingsgericht vieler Kinder
6. Damit lassen wir uns fahren.
7. ein kleines Gewässer
8. Wie viele Finger hast du?
9. eine sehr schlechte Note
10. Wir kaufen ihn für unseren Hamster.
11. Sie glauben an Jesus.
12. Papa, Mama, mein Bruder und ich sind eine ?.
13. Ich lese einen schwierigen ?.
14. eine ungenaue Zeichnung
15. anderes Wort für Ozean

1. Märchen,

2 Markiere die Aufpass-Stellen der Lösungswörter.

3 Schreibe mit den Lösungswörtern von Aufgabe 1 Sätze:
In Märchen kommen Hexen und Riesen vor.

4 Wie viele zusammengesetzte Nomen findest du mit den Bildern und den Lösungswörtern von Aufgabe 1?

 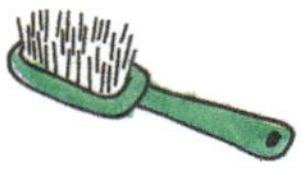 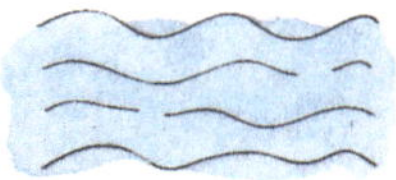    

5 Kannst du es? Seite 74 Aufgabe 16

1 Setze die passenden Wörter ein. Achte auf die richtige Endung.
Vergleiche mit einer Partnerin oder einem Partner.

ihr – ihre – ihrem – ihren • mein – meinem – meinen
dein – deinem – deinen • unser – unserer – unseren
sein – seine – seinem – seiner • euer – eurem – euren

Mia holt ________ Malkasten und malt ________ Papa ein schönes Bild.

________ Vater und ________ Mutter hängen das Bild im Wohnzimmer auf.

Am Abend liegt ________ Hund vor ________ Tür und bewacht

________ Eingang.

Hast du ________ Mäppchen mit ________ Füller und

________ Stiften vergessen?

Morgen ist ________ Geburtstag. Dann zeige ich ________ Freund

________ neuen MP3-Player.

Ich habe ________ Telefonnummer von ________ Freundin bekommen.

________ Handy war ein Geschenk von ________ Vater.

Habt ihr ________ Eltern schon von ________ Gewinn erzählt?

________ Sieg ist super.

2 Setze passende Wörter ein. Mache mit dem Text ein Aufschreibtraining.

? Woche geht Memet ? Fußballtraining. ? Sonntag ist ein Spiel ? Nachbarort. Memet ist aufgeregt: ? wird der Trainer ? Tor stellen? ? steht ? der Abwehr? Der Trainer weist ? Spieler seinen Platz zu. Memet will ? Fehler machen. Seit drei Wochen hat er ? Tor mehr geschossen. ? wird heute ? Spiel gewinnen? ? weiß es.

1 Schreibe zu den Bildern Sätze.

2 Findet passende Fragesätze. Schreibt sie auf.

3 Hier kannst du Aufforderungssätze schreiben.

schreiben
Text
Füller

waschen
Hände
gründlich
Seife

Montag
Turnbeutel
nicht
vergessen

vorlesen
Kinder
Geschichte

1 Diese Fehler findest du sicher leicht. Sprich deutlich und denke an die Tricks von Fridolin. Schreibe das Wort richtig auf.

Kindergaten ____________ Brife ____________ gesten ____________

Berkschuhe ____________ Dorfest ____________ reitten ____________

Nebllampe ____________ lenger ____________ Wasserfal ____________

Zwibbel ____________ Langleufer ____________ Kustall ____________

2 Vergleiche die beiden Texte sorgfältig und markiere falsche Schreibweisen. Mache dann mit dem richtigen Text ein Aufschreibtraining.

Vile Menschen haben heute ein Fahrad. Manche fahren damit zu Arbeit. Das spart benzin und ist gut für die Gesundheit. Andere nuzen es in ihrer Freizeit. Familie Hut radelt im Sommer durch den Wald an einen kleinen See. Ich kenne einen Man, der mit seinem Fahrrad eine Weltreise gemach hat. In China transportiren die Menschen große lasten auf ihren Rädern. Dort ist das Rad das häufigste Verkehrmittel.	Viele Menschen haben heute ein Fahrrad. Manche fahren damit zur Arbeit. Das spart Benzin und ist gut für die Gesundheit. Andere nutzen es in ihrer Freizeit. Familie Hut radelt im Sommer oft durch den Wald an einen kleinen See. Ich kenne einen Mann, der mit seinem Fahrrad eine Weltreise gemacht hat. In China transportieren die Menschen große Lasten auf ihren Rädern. Dort ist das Rad das häufigste Verkehrsmittel.

1 Kontrolliere die Groß- und Kleinschreibung der Wörter. Hake richtige Schreibweisen ab und korrigiere falsche. Bist du unsicher, hilft dir die Wörterliste.

dorf ☐	Vielleicht ☐	schwimmen ☐	Außer ☐	schreck ☐
Links ☐	Zeitung ☐	ding ☐	verstecken ☐	Zuletzt ☐
Vergessen ☐	verkäufer ☐	Tief ☐	loch ☐	plötzlich ☐
Stück ☐	fahren ☐	glück ☐	schlecht ☐	menschen ☐

2 Kontrolliert die Groß- und Kleinschreibung der Wörter. Markiert falsche Schreibweisen farbig. Seid ihr unsicher, hilft euch die Wörterliste.

Unser Auge
der Augapfel liegt geschützt in der Augenhöhle
aus Festen knochen. Die Wimpern halten staub ab.
Droht gefahr, schließen sich die Augenlider automatisch.
Die Brauen halten den schweiß ab. Bei dunkelheit weitet
sich die Pupille, bei Hellem Licht zieht sie sich zusammen.
Unser Auge ist ein wirkliches wunder. wir müssen mit
diesem wichtigen Sinnesorgan sorgfältig umgehen.

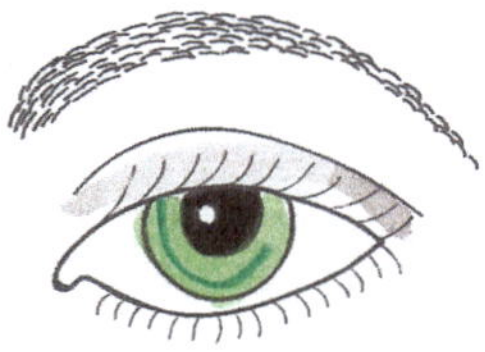

3 Schreibe den Text von Aufgabe 2 korrigiert auf.

4 Findest du alle Fehler? Hake richtige Schreibweisen ab und korrigiere falsche. Denke an die Tricks von Fridolin.

stellen • Stelampe • imer • fremt • schwierig • Zilscheibe • Waltboden
Bergschuh • schnel • Nächte • nimals • blüen • abends • Bender • richen

1 Findest du alle Fehler? Markiere sie. Die Anzahl der Striche und die Wörterliste oder das Wörterbuch helfen dir. Schreibe den Text anschließend fehlerfrei auf.

| Kanst du die Bäume unterscheiden?
|| Die eiche hat eine knorrige Rinde und gebuchtete Blätter. Ihre Früche mögen die
||| Wiltschweine. Der Stamm der Buche ist glat und grau. Der Rant der Blätter ist
|| gewellt. Die Birke erkennt man an ihrer schwarzweisen Rinde und den dünen
|| Zweigen. Die Kaschtanie kommt heufig vor. Stachelige Schalen hüllen die
|| glänzenden Früchte ein. Die gelappten Blätter des Ahorns ferben sich im herbst
|| gans bunt. Und die linde? Sie hat herzförmige Blätter. Aus ihren Blüten kocht
| mann bei Fieber einen Tee.

2 Berichte, was du gern in deiner Freizeit machst. Schreibe mindestens fünf Sätze.

3 Tausche deinen Text mit einer Partnerin oder einem Partner. Kontrolliert Unsicherheiten mit dem Wörterbuch. Zeige den Text zum Schluss deiner Lehrkraft.

4 Kannst du es? Seite 74 Aufgabe 17 und 18

Bei vielen Wörtern hört man alle Laute: Milch, Wurst, Woche, neben, lachen, genau, etwas, gern.
Das habe ich gelernt:
Ich spreche die Wörter in Silben.
Es gibt Wörter mit offenen Silben: Na-se, Bo-den, Zei-tung, heu-te.
Es gibt Wörter mit geschlossenen Silben: hel-fen, Fin-ger, mor-gen, El-tern.
Ich verlängere: Abend – Abende, Berg – Berge, liebt – lieben.
Für diese Wörter kenne ich gute Hilfen.
Wörter mit ck und tz: Glück, verstecken, plötzlich, Platz.
Wörter mit silbentrennendem h: blü-hen, ste-hen, Kuh - Kühe, Zeh - Zehen.
Wörter mit ä/Ä und äu von a/A und au: Nächte – Nacht, läuft – laufen.
Wörter mit doppelten Konsonanten: es-sen, kom-men, zusam-men, al-le.
Wörter mit ß: au-ßer, Fü-ße, drau-ßen, hei-ßen, Stra-ße.
Ich höre KW, aber ich schreibe qu/Qu: quaken, Quadrat, Quelle.
Wörter mit ie: Brie-fe, Tie-re, rie-chen, zie-len, hier, nie, tief, wie.
Vorsicht! Wörter mit h: fahren, zehn, sehr, erzählen, wahr.
Diese Aufpass-Stellen muss man sich merken.
Sonstige Wörter: Christ, Handy, Laib, Pizza, Skizze, Stadt, verwandt.
Vorsicht! Wörter mit aa, ee, oo: Haar, Meer, Schnee, See.
Wörter mit ks-Laut: Fuchs, sechs, Taxi, Text, links.
Wörter mit v/V: viel, vielleicht, vier, voll, Vase, Vater, Vogel.
Wörter mit ä ohne a: Käfer, Mädchen, Käfig, Märchen.
Wörter mit i: Familie, Tiger, Maschine.
Wörter mit ai: Hai, Kaiser, Laib, Mai.

Du kannst es!

1 Übe mit diesem Text das richtige Aufschreiben.

In den großen Ferien | war unsere Familie | auf einem Zeltplatz | am Bodensee. | Schon vor dem Frühstück | sprangen wir ins Wasser. | Das war toll! | Später erkundeten wir | auf unseren Rädern | die Umgebung. | Ich lernte ein Mädchen | aus Norddeutschland kennen. | Sie ist meine Freundin geworden. | Wir mailen uns | jede Woche | unsere Erlebnisse. | Das macht Spaß. |

2 Diese Wörter aus der 2. Klasse solltest du jetzt richtig schreiben können.

3 Suche für jede Spalte fünf Wörter, die du sicher schreiben kannst.

einsilbige Wörter	zweisilbige Wörter	mehrsilbige Wörter

4 Bist du ein guter Nomendetektiv? Unterstreiche die Nomen und schreibe sie anschließend in der Einzahl und Mehrzahl mit Artikel auf.

oben • ding • stadt • fleißig • rechts • licht • geburtstag • nichts • zurück
links • zeitung • loch • riechen • mensch • weinen • zimmer • blühen
feuer • süß • hungrig • seite • platz • fließen • schwimmen • vollkornbrot
abend • berg • tanken • rund • geschichte • erlauben • voll • schuh

5 Die Taste für Großbuchstaben ist kaputt. Markiere die Satzanfänge und die Nomen und schreibe den Text dann korrigiert auf.

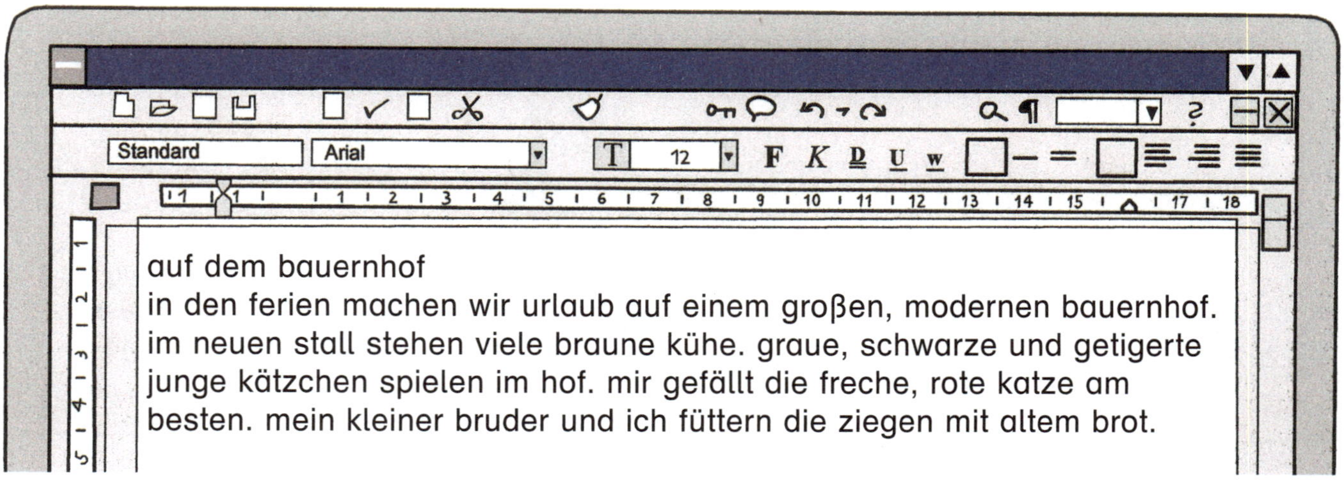

6 Schreibe das passende Verb zu dem Bild auf. Schreibe dann mit jedem Verb einen Satz in der 1. Vergangenheit.

7 Bilde zu jedem Wort ein zusammengesetztes Nomen.

Arzt • essen • deutsch • Christ • Fuchs • vier • Pilz • Stadt • nähen • drehen

8 Achte auf den Auslaut und schreibe die Wörter auf.

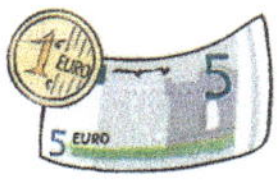

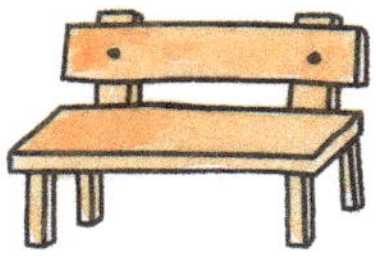
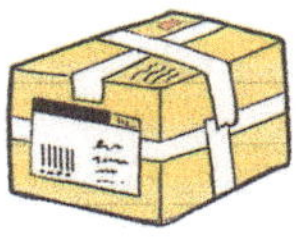

9 Setze ein und schreibe die Wörter in die entsprechende Zeile.

e oder ä?

M?nner • ?ndlich • ?rztin • T?xt • L?nder • H?xe
schl?cht • l?nger • s?chs • st?rker

e: ______________________________

ä: ______________________________

eu oder äu?

F?er • Geb?de • n? • L?te • h?fig • h?te
L?fer • l?chten • tr?men • Verk?fer

eu: ______________________________

äu: ______________________________

10 Ordne die Wörter richtig zu.

stehen • Bänder • Würste • Zehen • wenig • morgen • tanken • reiten • Tiger
können • welche • sehen • Bilder • draußen • Kühe • Städte • Christen • jede

Wörter mit offener Silbe	Wörter mit geschlossener Silbe

11 Sprich die Wörter. Kennzeichne das lang gesprochene i mit einem Strich [–] und das kurz gesprochene mit einem Punkt [•]. Schreibe die Wörter dann geordnet auf.

L?cht • d?se • F?nger • Gesch?chte • w?der • Z?l • spr?ngen

geschr?ben • n?chts • l?nks • Br?f • s?tzen • Beisp?l

l?ben • T?r • Ges?cht • schl?mm • verl?ren • K?nder

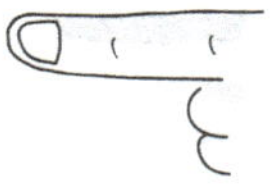

lang gesprochener i-Laut	kurz gesprochener i-Laut

12 Finde zu den doppelten Konsonanten ohne nachzuschauen je vier verschiedene Wörter.

ss	ll	mm	nn

13 Finde ein passendes Reimwort mit **tz** oder **ck** und schreibe beide auf.

Witz – ? • Gesetz – ? • Hitze – ? • Rock – ? • Lücke – ?

Stecker – ? • sitzen – ? • eckig – ? • Socken – ? • Mütze – ?

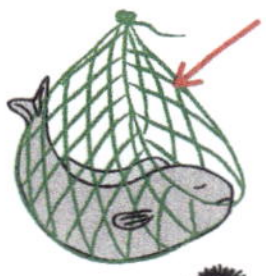

nützen – ? • Stück – ? • entdecken – ? • schmücken – ?

14 Verändere den Sinn der Verben durch eine Vorsilbe (einen Wortbaustein).

zählen – ______ kaufen – ______ kommen – ______

gehen – ______ fallen – ______ schieben ______

stellen – ______ drehen – ______ blühen – ______

15 Bilde aus den Nomen durch passende Wortbausteine Adjektive und aus den Adjektiven Nomen. Schreibe sie mit Artikel auf.

stark • Schmutz • Glück • Stein • gesund • Ende • dumm
tief • Mann • schön • Schreck • lang • schwierig • Durst • Christ • neu

Nomen: ______

______

Adjektive: ______

______

16 Schreibe die Wörter auf und markiere alle Aufpass-Stellen rot.

17 Markiere alle Fehler im Text. Die Striche am Rand helfen dir dabei.
Schreibe den Text dann fehlerfrei auf.

|| Heute drücken wir auf einen schalter und das Licht get an. Ohne elektrischen Strom
|| könnten wir uns unser Leben gar nicht mehr vorstellen. Der Fön troknet die Hare.
|| Die Waschmaschiene wäscht die schmutzige Wäsche und das Esen kocht man auf
||| dem Elektroherd. Der Fernser, der mixer, das Bügeleisen und das Telefon ferbrauchen
|| Strom. Strom ist teuer. Darum müsen wir lernen, wie man Strom sparen kan.

18 Schreibe zu dem Bild eine kleine Geschichte.
Überarbeite sie danach mithilfe deines Wörterbuches.

a/A

Aal, der
ab
Abend, der
Abende, die
abends
abnehmen
alt, älter
am
Ampel, die
an
Angst, ängstlich
antworten
Apfel, der
Äpfel, die
Aprikose, die
Arbeit, die
Arm, der
Arzt, der
Ärzte, die
Ärztin, die
Ast, der
Äste, die
außen
außer

b/B

Baby, das
backen
Bäcker, der
Bäckerin, die
Bagger, der
Band, das
Bänder, die
Bank, die
Bänke, die
Bär, der
beginnen
Beispiel, das
Benzin, das
Berg, der
Berge, die
Beruf, der
Bett, das
Bibel, die
Biber, der
biegen, biegt, bogen
Biene, die
Bild, das
Bilder, die
bin, bist
Birne, die
bis
Blatt, das
Blätter, die
bleiben, bleibt, blieben
Bleistift, der
blicken
blind, blinde
Blitz, der
Block, der
blühen, blüht
Boden, der
boxen
Boxer, der
Brett, das
Brief, der
Briefe, die
Brille, die
Brot, das
Bub, der
Buben, die
Burg, die
Burgen, die

c/C

Cent, der
Christ, der
Clown, der
Computer, der

d/D

Dachs, der
dann
dein, deinem, deinen
denn
der, dem, den
deutlich
Deutschland
dick
Dieb, der
Diebe, die
dies, diesem, diesen
Ding, das
Dorf, das
dort
draußen
drehen, dreht
dumm
Dummheit, die
Durst, der
durstig, durstige

e/E

eckig, eckige
ehrlich
Ehrlichkeit, die
Eichhörnchen, das
ein, einem, einen
Elefant, der
Eltern, die
E-Mail, die
Ende, das
endlich
Erde, die
erlauben, erlaubt
Erlaubnis, die
erleben, erlebt
Erlebnis, das
erschrecken
erst
erzählen
Erzählung, die
essen, isst, aßen
etwas
euch
euer, eurem, euren
Europa

f/F

fahren, fährt, fuhren
Fahrrad, das
Fahrzeug, das
fallen, fällt, fielen
Familie, die
Fehler, der
Fenster, das
Ferien, die
fernsehen
Fernseher, der
fertig, fertige
Feuer, das
Finger, der
Fisch, der
Flasche, die
fliegen, fliegt, flogen
Flugzeug, das
Fragezeichen, das
Frau, die
frei
Freiheit, die
fremd, fremde
fressen, frisst, fraßen
Freund, der
Freunde, die
frieren, froren
froh, frohe
fröhlich
Fröhlichkeit, die
früh, frühe
Frühjahr, das
Frühling, der
Frühstück, das
Fuchs, der
Fuß, der
füttern

g/G

ganz, ganzem, ganzen

geben, gibt, gaben
Geburtstag, der
gefährlich
gegen
gehen, geht, gingen
gehören
Geld, das
  Gelder, die
genau
gerade
gern
Geschichte, die
geschrieben
Gesicht, das
gestern
gesund, gesunde
gewinnen
giftig, giftige
gleich
Glück, das
glücklich
glühen, glüht
groß
Größe, die
Gruß, der
grüßen
Gurke, die
gut

h/H

Haar, das
Hai, der
Haken, der
halten, hält, hielten
Hals, der
  Hälse, die
Hand, die
  Hände, die
Handy, das
Hase, der
Heft, das
heiß
heißen, hießen
helfen, hilft, halfen
hell
Herbst, der
heute
Hexe, die
hier
hin
Hitze, die
hoch, höher
Hund, der
  Hunde, die
hundert
Hunger, der
hungrig, hungrige

i/I

Igel, der
ihm, ihn, ihnen
ihr, ihre, ihrem, ihren
im
immer
in
Information, die
informieren
ins

j/J

Jahr, das
Jeans, die
jede, jedem, jeden
jetzt
joggen, joggt
jung
Junge, der

k/K

Käfer, der
Käfig, der
  Käfige, die
Kaiser, der
Kalender, der
kalt, kälter
Kälte, die
Kamm, der
kämmen
Karte, die
Käse, der
Katze, die
kaufen
Käufer, der
kein, keinem, keinen
Kind, das
  Kinder, die
Kirche, die
Kissen, das
Kleid, das
  Kleider, die
klettern
Koffer, der
kommen, kamen
können, kann
  konnten
Korb, der
  Körbe, die
Kreuz, das
Kreuzung, die
Krokodil, das
Kuh, die
  Kühe, die
kurz
Kuss, der
küssen

l/L

lachen
Laib, der
Lampe, die
Land, das
  Länder, die
lang, länger
Lärm, der
lassen, lässt, ließen
Lastwagen, der
laufen, läuft, liefen
Lehrer, der
Lehrerin, die
leihen, leiht, liehen
lesen, liest, lasen
leuchten
Leute, die
Lexikon, das
Licht, das
lieben, liebt
Lied, das
  Lieder, die
Liege, die
liegen, liegt, lagen
links
Loch, das
Löffel, der
Luft, die

m/M

machen
Mädchen, das
mähen, mäht
Mai, der
man
Mann, der
  Männer, die
Märchen, das
März, der
Maschine, die
Medizin, die
Meer, das
mehr
mein, meinem,
  meinen
Mensch, der
merken
Messer, das
mich
Miete, die
Milch, die
mir
Mond, der
  Monde, die
Moos, das
morgen
müssen, muss,
  mussten
Mutter, die
Mütze, die

n/N

Nacht, die
Nächte, die
nähen
Nase, die
Natur, die
natürlich
neben
nehmen, nimmt, nahmen
Netz, das
neu
neugierig, neugierige
Neuigkeit, die
nicht
nichts
nie
niemals
niemand, niemanden
November, der
Nummer, die
nur
Nuss, die

o/O

ob
oben
Obst, das
Ofen, der
offen
öffnen
oft
ohne
Ohr, das
Onkel, der

p/P

Päckchen, das
packen
Paket, das
Pass, der
Pässe, die
Pferd, das
Pferde, die
Pfirsich, der
Pflaume, die
Pfütze, die
Pilz, der
Pizza, die
Platz, der
Plätze, die
plötzlich
Pullover, der
Punkt, der
Puppe, die
putzen

qu/Qu

Quadrat, das
quaken
Quatsch, der
Quelle, die

r/R

Rad, das
Räder, die
Radio, das
raten, rät
Rätsel, das
rechts
Regenwolke, die
Regenwurm, der
Reh, das
Rehe, die
reich
reiten
rennen, rannten
richtig, richtige
riechen, riecht, rochen
rot
rufen, riefen
Ruhe, die
ruhig, ruhige
rund, runde

s/S

Sache, die
Sack, der
Säcke, die
Saft, der
Säfte, die
Säge, die
Salat, der
Sammlung, die
Sand, der
sandig, sandige
Satz, der
Sätze, die
Schalter, der
Schatten, der
schaukeln
scheinen, schienen
schenken
schieben, schiebt, schoben
Schiff, das
schlafen, schläft, schliefen
schlecht
schlimm
Schlüssel, der
Schmetterling, der
Schnee, der
schneiden, schnitten
schnell
Schnelligkeit, die
Schreck, der
schrecklich
schreiben, schreibt, schrieben
Schuh, der
Schuhe, die
Schultüte, die
Schüssel, die
schützen
Schwan, der
schwer
schwierig, schwierige
Schwierigkeit, die
schwimmen, schwammen
schwitzen
sechs
See, der
sehen, sieht, sahen
sehr
sein, seinem, seinen
seit
Seite, die
Sessel, der
setzen
Shampoo, das
sie
Sieb, das
Siebe, die
sieben
singen, singt, sangen
sitzen, saßen
Skizze, die
sofort
Sommer, der
Sonntag, der
Spaß, der
Späße, die
spät
spazieren
Spiegel, der
spielen
Spinne, die
spitz
Spitze, die
Sport, der
sprechen, spricht, sprachen,
springen, springt, sprangen
Stab, der
Stäbe, die
Stadt, die
Städte, die

stark, stärker
Stecker, der
stehen, steht, standen
steigen, steigt, stiegen
Stein, der
stellen
Stern, der
Steuer, die
still
stimmen
Strand, der
  Strände, die
Straße, die
Strauß, der
  Sträuße, die
Stück, das

t/T

tanken
Tante, die
Tasche, die
Tasse, die
tausend, tausende
Taxi, das
Teddy, der
Telefon, das
telefonieren
Teller, der
Teppich, der
Termin, der
teuer
Text, der
Theater, das
Thermometer, das
tief, tiefer
Tier, das
  Tiere, die
Tiger, der
Tintenfisch, der
Tomate, die
tragen, trägt, trugen
Trainer, der
trainieren
Traktor, der
Träne, die
Traum, der
  Träume, die
träumen
treffen, trifft, trafen
trinken, tranken
trocken
Tür, die

u/U

über
überqueren
Uhr, die
uns
unser, unserem, unseren
Unterricht, der

v/V

Vase, die
Vater, der
verbieten, verboten
verbrauchen
verdienen
Verein
vergessen, vergisst, vergaßen
verkaufen
Verkäufer, der
Verkehr, der
verletzen
Verletzung, die
verlieren, verloren
Verstand, der
verstecken
verstehen, versteht, verstanden
verwandt
Verwandtschaft, die
verwechseln
viel
vielleicht
vier
Viereck, das
Vitamin, das
Vogel, der
voll
vom, von
vor
Vorfahrt, die
vorlesen
Vorschlag, der
Vorstellung, die
Vortrag, der
Vulkan, der

w/W

Waage, die
wachsen, wächst, wuchsen
Wagen, der
wahr
Wahrheit, die
Wald, der
  Wälder, die
wann
Wanne, die
warum
Wasser, das
wechseln
wecken
Wecker, der
Weg, der
  Wege, die
Weihnachten
weinen
weiß
welche, welchem, welchen
wem, wen
wenig, wenige
werden, wird, wurden
werfen, wirft, warfen
wie
wieder
Wiege, die
wiegen, wiegt, wogen
wissen, weiß, wussten
Woche, die
wollen, will
Wurst, die

x/X

Xylofon, das

y/Y

Yak, das
Yoga, das

z/Z

Zahl, die
zahlen
zählen
Zahn, der
  Zähne, die
Zeh, der
  Zehen, die
zehn
Zeitung, die
Zelt, das
Zeugnis, das
Ziege, die
ziehen, zieht, zogen
zielen, zielt
Zimmer, das
Zoo, der
zu, zum
Zug, der
  Züge, die
zuletzt
zur
zurück
zusammen
Zwiebel, die

1
Diese Wörter schreibt man so, wie man sie spricht.

2
Groß- oder Kleinschreibung?

Nur Nomen und Satzanfänge schreibt man groß.

Für diese Wörter gibt es einen Trick.

Die Aufpass-Stellen dieser Wörter muss man sich merken.